시 속으로 동행하는 길

시 속으로 동행하는 길

초판 1쇄 인쇄 2023년 12월 03일
초판 1쇄 발행 2023년 12월 10일

지은이 용혜원 김국현 김민섭 김보현 서순석 이정소 장영은 장종용 최경자
펴낸이 황성연
펴낸곳 글샘출판사
등록번호 제 8-0856호
디자인 청우(박상진)
주소 경기도 파주시 혜음로883번길 39-32
전화 031-947-7777
팩스 0505-365-0691

ISBN 978-89-91358-63-8 03230

정가는 뒤표지에 있습니다.
잘못되거나 파손된 책은 구입하신 서점에서 교환하여 드립니다.

시 속으로 동행하는 길

예성문학회 제2집

용혜원 김국현 김민섭
김보현 서순석 이정소
장영은 장종용 최경자

 글샘

예성문학회 제2집 발간 축사

목회자들의 가장 큰 관심사와 고민은 설교라고 할 수 있습니다. 매주 하는 설교이기에 큰 부담 없이 할 수도 있으나 반대로 매주 하는 설교이기에 더욱 큰 부담이 될 수도 있습니다.

누구나 가지고 있는 성경을, 보편적으로 알려져 있는 하나님의 말씀을, 하나님의 시각으로 바꾸어 목회자가 매주일 선포한다는 것은 너무나 어려운 작업이 아닐 수 없습니다.

그러나 목사님들은 그것을 사명으로 알고 자부심을 가지고 잘 감당하고 있습니다. 그러기에 힘든 일임에도 불구하고 설교사역을 너무나 기쁨으로 생각하고 보람 가득한 마음으로 잘 감당하고 있습니다.

그런데 하지 않아도 누가 뭐라고 하지 않는 일을, 누가 시키지도 않는 일을 선택하여 새삼스럽게 감당하는 것은 더욱 어려운 일입니다. 그게 바로 시를 쓰는 것입니다.

저도 개인적으로 시나 수필을 쓰고 싶은 마음은 간절하나 막상 펜을 잡으면 그 작업이 잘 되지 않아 머릿속으로만 생각하였습니다. 그래서 누군가가 시를 쓰는 것을 보면 너무나 부럽기 그지없었습니다.

우리 예성 교단에 오래전부터 시를 쓰며 함께 공감대를 가지고 교제하는 목사님들이 계신다는 게 너무나 반갑고 존경스럽습니다. 머릿속에 떠오르는 영감과 시상을 시문자로 표현하는 것이 결코 쉽지 않은 작업인데, 꾸준히 그 일을 해 오며 금년에 두 번째로 공동시집을 펴내게 되어 진심으로 축하드립니다.

어려운 여건에서도 예성문학회를 이끌어 오신 김보현목사를 비롯하여 모든 회원들에게 치하의 말씀을 드리며 계속해서 거룩한 문학 활동을 이어가시길 기원합니다.

2023년 11월 10일

예수교대한성결교회 총회장 **조일구목사**

추천의 글

인간의 사상이나 감정을 언어로 표현하는 문학은 독자로 하여금 자신의 감정과 사유를 개입하여 새로이 재탄생하게 하는 예술이라 그 작업이 결코 쉬운 게 아닙니다.

특히, 기독교 신앙의 경전인 성경 말씀을 바탕으로 또 다른 차원의 삶을 이어가는 목회자들의 영성 깊은 문학 작품은 읽는 이들에게 독창적 감동을 주기에 문학이 더욱 소중합니다.

이번에 예성문학회에서 두 번째 공동시집을 출간하게 됨을 함께 기뻐하며 축하합니다. 예성 가족 모두 다 애독하신다면 문학의 향기로 가장 수준 높은 신앙의 인격을 갖출 것으로 생각됩니다. 한국 기독교인뿐만 아니라 세계의 크리스챤들이 애독한다면 하나님께서도 더욱 기뻐하시리라 믿습니다. 예성 작가들이 훌륭한 작품을 많이 발표하고 신인을 발굴하여 더욱 존경받고 사랑받는 예성문학회가 되기를 기대하며 기원합니다.

감사합니다.

(사) 한국문인협회 이사장 김호운

발간사

더 아름답게 하시려고

성경은 완전한 구원으로 이끄는 안내자이자 문학으로 충분하다. 성경을 이루고 있는 66권 어디 하나에 이것이 결핍된 곳은 없다. 단지 영력이 부족하거나 접근성이 부족하여 발견을 못할 뿐이다. 창세 이후부터 지금에 이르기까지 수많은 성도들은 성경의 영감으로 큰 은총을 누리며 살아 왔다. 그 중에 현재의 성결교단에 속해 있는 몇몇 문인들은 받은 작가의 영력으로 글을 만들어 보급하는 것에 보람으로 희열을 누린다.

이제야 두 번째 공동시집을 발간하게 되었다. 구성원은 많지만, 참여자가 적어 매우 안타깝다. 그런데도 누군가는 이 일에 헌신하여 명맥을 이어가야 할 것이다. 다양한 장르의 문학으로 직면한 벽들을 돌파할 수 있는 길을 열수만 있다면 이보다 중요한 게 또 있을까!

러시아로 시작된 전쟁이 끝나기도 전에 중동의 이스라엘과 하마스와의 결투의 결과는 많은 파장을 일으켰고, 더 많은 재산과 사상자들로 아우성일 것이다.

성서의 말씀을 떠난 자들의 광란으로 점점 혼돈과 파괴적 행태로 인한 종말은 더욱 심화할 것으로 생각한다. 다시금, 교회로 들어와 아침이슬로 활기를 얻는 식물처럼 모든 사람이 은총의 삶을 일궈가기를 앙망해 본다. 이것은 복음을 먼저 들은 자들의 사명으로 여긴다면 지구촌은 축제장일 것이다.

교단에 속한 수많은 교회의 성원과 기도로 예성문학을 통하여 성경 속의 진리들이 시문학으로 더욱 확산되기를 앙망하며 이번에 참여해 주신 작가들께 감사의 말씀을 드린다.

2023년 12월

예선 문학회 회장 **김보현 목사**

차례

예성문학회 제2집 발간 축사

추천의 글

발간사

chapter.1 용혜원

20 낡은 코트
21 문득 그리울 때
22 비상구
23 아침 1
24 아침 2
25 아침 3
26 새벽 1
27 새벽 2
28 안개
29 세월 1
30 세월 2
32 세월 3

34 세월 4
36 그리움이란 것은
37 가슴 벅찬 날
38 추억의 집
39 여행
40 헤어진다는 것은
41 밥
42 눈물 많은 세상

chapter.2 김국현

46 돌
47 아픔을 함께 하며
48 친구여(암을 치유하고 있는 친구에게)
49 심으며
50 영감(靈感)
51 오월의 풍경
52 희망이 달려오는 소리를
53 하모니
54 빨래방에서
55 너에게 선풍기가
56 꿈꾸는 물고기

58 줄 장루이 소령을 추모(追慕)하며
60 지나온 시간
61 허공의 발자국
62 거울을 보니
63 다초점 렌즈
64 설거지(회개)
65 바람아
66 아름다운 길
67 크리스마스

chapter.3 김민섭

70 봄에 핀 목련
71 네잎 크로바
72 봄에 피는 옷자락
73 그 리 움
74 가을 낙엽
75 가을바람 부는 날
76 개울가에 핀 야생화
77 겨울 초승달
78 겨울바람의 기도
79 둘레길

chapter.4 김보현

82 그냥 보내지 않겠다
83 꺼지지 않는 사랑
84 꿈을 펼쳐
85 느낌표 인생
86 당신을 앎으로
87 당신의 말씀은 은총으로
88 마음의 주인
89 마지막 환호를
90 벗 삼을 자
91 봄 하늘의 별들
92 빛나는 별빛
93 사람의 가치
94 새벽의 기운
95 어머니의 눈물
96 여기까지 왔는데
97 오늘의 감사
98 인생
99 지금의 은총으로
100 하늘 신호등
101 행복을 알리는 신호

chapter.5 서순석

104 가을날의 서정
105 카이로의 아랍 여인
106 애리조나(Arizona) 광야 길
108 유년 시절
110 추수감사절의 기도

chapter.6 이정소

114 불안한 영혼을 위한 기도
116 죽음을 생각하는 이를 위한 기도
118 상한 마음을 위한 기도
120 침묵을 위한 기도
122 중독자를 위한 기도
123 이름만이 사는 옥탑방
124 고독한 자를 위한 기도
126 정직을 위한 기도
128 선(善)을 위한 기도
130 분별력을 구하는 기도
132 사로잡힌 영혼을 위한 기도
134 사마리아

chapter.7 장영은

138 복(福)
139 물방울이 바위를 뚫을 수 있는 것은
140 하나님이 쓰시는 사람
141 반성
142 울타리 없는 집
143 사진
144 그때에
145 이른 봄

chapter.8 장종용

148 나만 바라봐
149 나 으뜸 되기 원하네
150 영천 163번지
151 골목길 기다림
152 인생 속에서
153 장애자
154 복 있는 사람
155 나그네의 꿈
156 나그네여! [벧전 1,2장]

157 할머니와 막걸리
158 나그네살이
159 사라져간 안동포
160 작은 소망

chapter.9 최경자

164 성령의 불꽃
165 내 생애 가장 따스한 음성
166 권능의 규
168 낙조의 신비
169 이슬
170 달콤한 향기
171 나는 운다
172 희비
173 그들의 기도
174 눈과 바람
175 체감
176 목련꽃 아래에서
177 핑크빛 노을
178 퐁당퐁당
180 반딧불

182 넷의 추억

183 당신의 숭고한 시간들

184 하늘에 깃든 구름

185 바람처럼

186 무지개 드리운 폭포수

_____용혜원

용혜원

◦1992년 문학과 의식으로 등단 한국문인협회회원
◦한국기독교문입협회이사. 저서로는 시집 98권
 동시집 2권, 시선집 13권 등 총 저서 212권
◦2023.6.22 고대하다 연연하다 성찰하다 한국 대표시인 54인
 선집 베스트 번역시에 "봄소식" 수록
◦2023년 용혜원 대표시 100 이 러시아어로 "사랑"이란
 시집으로 김혜란교수가 번역 출간하였다.

낡은 코트

세월이 흐르고
나이가 들자
즐겨 입던 코트도
나이가 들어
낡은 코트가 되어
이별을 준비하고 있다

문득 그리울 때

문득 그리울 때
언제나 달려가 만나도 좋을
사람이 있다는 것은 참 행복한 일이다

문득 그리울 때
전화를 하면 반갑게 들어줄
사람이 있다는 것은 참 기쁜 일이다

문득 그리울 때
한 잔의 커피를 나누며 한 없이 이야기를
나눌 사람이 있다는 것은 참 좋은 일이다

문득 그리울 때
같이 한 없이 걸으며 산책할 수 있는
사람이 있다는 것은 세상 살만한 일이다

비상구

나의 삶의 비상구는 오직 사랑이다

사랑의 힘이 모든 고통에서 모든 역경에서
모든 시련에서 모든 낙망에서 벗어날 수 있는
힘을 주고 마음을 굳건하고 강하게 만든다

사랑은 마음에 넓고 깊고 높게 만들고
사랑은 모든 것을 견디고 이겨내는
인내의 힘을 만들어 준다

사랑은 고난을 극복하고 실패를 뛰어넘고
사소한 것에 굴복하지 않고
언제 어디서나 당당하게 이겨내는
크나큰 힘을 만들어 준다

일상이 뒤엉켰다 풀릴 때
감추지 않고 있는 것 그대로
나의 삶의 비상구는 오직 사랑의 힘이다

아침 1

어둠 속에 하늘에 촘촘하게 박혀
빛나던 별들도 아침이 오면 사라진다

동쪽에서 해가 떠오를 때
찬란한 빛과 함께 온다
아침은 어둠이 품고 있다
새롭게 찾아오기에 떠오르는 해가 밝게 빛난다

아침은 하루를 넉넉하게 살아갈 수 있는
새롭고 강한 힘을 갖고 찾아온다

아침마다 기분 좋게 긍정적으로
시작하는 사람은 삶이 새롭게 달라진다

해를 닮아 표정이 밝아지고
해의 열기와 기운을 받아 생기가 돌고
힘차게 웃으며 일하는 사람은
내일도 밝고 화창하다

아침 2

아침에 잠에서 깨어나 눈을 다시 뜰 수 있다는 것은
행복한 순간 오늘을 살아갈 수 있으니 얼마나 좋은가

아침이면 상쾌하게 살고 싶어
기지개를 켜보곤 하였다

서로 어깨를 두드려주며
힘차게 격려해주고 용기를 주며
하루를 힘차게 살아가자

오늘도 열심히 살다보면 무언가 신나는 일
기분 좋은 일이 생기고 일어나지 않을까
아침에 기분 좋게 시작하면
하루 왼 종일 기분이 좋다

온몸을 웅크리고 고민하고
걱정하고 염려하기보다 시작해 나가며
기분 좋게 살다보면
가끔씩 신나는 일이 생긴다

아침 3

밤새 이슬에 얼굴을 씻고 나오는
태양의 밝은 얼굴빛이 빛나는
하루가 새롭게 시작하는 아침이다

지금까지 단 한순간도 단 한 번도 써보지 않은
깨끗한 하루 새로운 날이 열린다
아침이면 알알이 맺히는 이슬로
몸 씻은 풀잎들의 모습이 상쾌하다

태양이 뜨면 새벽 찬 공기는 서둘러 사라지고
빛이 밤새 가득했던 어둠을 몰아내고
모든 길을 활짝 열어 놓는다

아침에 해가 떠오르면
새벽안개가 자리를 비우고 떠나가고
아침마다 해가 뜨면 푸르고 넓은 하늘이
사람들에게 넉넉한 마음과 여유를 보여준다

강물은 흘러가며 하루의 시작 속에
푸르른 생동감을 선물한다

새벽 1

새벽의 문을 누가 열어놓았을까

태양의 빛이 어둠을 몰아내고
문을 열기 전에는
어둠의 가득한 벽이었다

밝은 햇살이 새벽의 문을 열기 전에는
어둠이 지배하는 세상이었다

새벽의 문을 빛이 열면
아침이 찾아오고
새로운 희망의 하루가 시작한다

아침 햇살이 퍼지면
싱싱한 기운이 돌기 시작하고
사람들은 발 빠르게 일을 시작한다

새벽 2

이른 새벽에 어둠이 서둘러
떠나는 발자국 소리가 들린다
빛에 쫓겨 허둥지둥 쫓기는 한 순간에 사라지기
시작하는 어둠이 달아나는 소리가 들린다

밤새 어둠 속에 모든 것을 가두고
짓누르고 지배하던 어둠의 세력이
모든 것을 포기하고 뒤돌아보지 않고 떠난다

새벽이 찾아온 빛이
어둠 속에 잠들었던 세상을 깨운다
빛이 얼마나 강한가 빛이 얼마나 위대한가
아무도 어찌할 수 없는
어둠을 내쫓는 빛이 힘이 얼마나 놀라운가

새벽 또 새로운 하루를 위한
빛의 심장이 살아서 고동치며
위대한 하루의 시작을 알린다
태양이 떠오르며 새로운 하루가 새롭게 태어나고 있다

안개

하얗게 낀 안개를 만나려고
속으로 걸어들어 갔더니
안개 속에는 모든 것이 갇혀 있다

어느 사이에
안개가 사라지고
산과 들 강과 하늘만 보인다

안개가 덫을 놓은 듯
산과 들과 강을 감싸 안더니
어느 사이에 감쪽같이 사라지고 말았다

안개로 잠시 머물다
떠나기에 안개인가보다

세월 1

흘러가는 세월이 빠른 것이 아니라
나이가 들어 늙은 것이다

매일 매일 똑같이 반복되는
세월에 황혼이 찾아온 것이다

똑같이 찾아온 세월이지 하다가
신이 나서 떠돌아 다닌 구름처럼
세월만 흘러가버린 것이다

세월이 마냥 길고 긴 시간일줄 알았더니
지나고 보니 짧은 세월이라
청춘도 바람처럼 사라진 것이다

뿌리 박혀 있는 세월은 없으니
모두다 흘러가버린 것이다

세월이 바람처럼 왔다가
속절없이 청춘과 함께 사라진 것이다

세월 2

세월이 가다서기를 반복하며 나도 모르게
흘러간 줄 알았더니 온 세상에 꽃을 피워 놓았다

헌책방 중고서적에는 지난 세월이 모여 있고
고물상에는 버려진 물건들 속에 흘러간 세월이 있다

하루하루 산다는 것이 얼마나 소중한 시간인가
치 떨리게 힘든 나날들 떨칠 수 없고 감당할 수 없는
고통 속에 쓸쓸한 목숨 죽어갈 때 비참하다

꿈이 없는 막연한 고통은 치욕의 순간처럼
부끄럽고 절망의 골목으로 몰아넣고
늘 내일을 알 수 없어 걱정이 태산처럼 쌓이고
끙끙 앓고 잠 못 들고 시달렸던
모진 삶이란 늘 죽음과 함께하는 참혹한 시간이다

세월이 나도 모르게 흘러간 줄 알았더니
아이가 청년이 되고 청년이 노인이 되고
내 이마에 흔적을 남겼구나
세월이 흘러가며 발자국을 남겨 놓았구나

그리도 맑던 날이 흐린 날이 되어
늙음이 찾아와 서글픔에
슬픈 생각이 마음에 고여들었다

세월 3

세월은 흘러가고 멈추지 않는다
세상은 어느 곳마다 반갑게 맞아주고
정겨운 사람들이 있어 살아가는 것이다

세상 떠들썩하게 잘 살아도
오금이 저리게 지난날을 후회해도
세월은 훌쩍 떠나버린다

살다보면 너무 뻔한 것 같아 무엇이나
시들해지고 사람들도 시무룩해지고
나이 들어가며 사는 재미를 잃어간다

역사의 수레바퀴를 돌리며 절망만
자꾸 만들며 흘러가는 세월은 아무런
아쉬움도 없고 미련도 없다

흘러가는 세월을 바라보는 사람들만
아쉽고 안타깝지만
세월은 모른척 저 멀리 떠나간다

세월은 인생을 한 동안은 젊게 만들었다가
계속해서 늙게 만들어 가고
사람들은 이 세상에 그냥 왔다 그냥 떠난다

세월 4

흐르는 세월 속에 살다가
지나고 보니 세월이 단숨에 흘러가고
삶이란 슬픈 세월을 서성이며 살다가는 것
어둠 속에서 걸으면 발걸음이 무겁다

나이가 들어 알만할 때가 되니
세월이 훌쩍 지나가버려 애절한 한숨만 터져 나온다

시끌벅적 다툼도 욕심에서 시작하고
헐떡이며 살아온 세월 허망해서
눈깔이 터져 나오도록 원통하다

등골이 썩어 문드러지게 고통스럽고
절망 속에 몸부림치며 괴로워했던 날도
지나고 보니 한 순간이었다

만사가 싫어 모든 걸 훌훌 털어버리고
싶을 때가 많고 많아도
허겁지겁 배를 채우고 살아 할 말이 없고
행복도 불행도 찾아갈 사람에게 찾아가는 것이다

흘러가는 세월 속에 뭐하나
손에 꼭 움켜쥔 줄 알았더니 결국 텅 빈 빈손이다

그리움이란 것은

그리움이란 것은
시도 때도 없이 찾아와
사람의 애간장을 녹인다

그리움이란 것은
불쑥 불쑥 달려들어
사람의 마음을 흔들어 놓는다

그리움이란 것은
문득 문득 찾아와
사람의 가슴에 불지른다

가슴 벅찬 날

기분 좋은 일로
가슴 벅찬 날

행복한 마음에 발걸음도 가벼워지고
무거운 짐도 사라져
홀가분한 마음에 날아갈 듯 행복하다

삶이란 이런 맛에
사는 것이 아닐까
삶이란 이런 날을
기대하며 사는 것이 아닐까

삶 속에서 간간히
기대 이상으로 좋은 일이 일어난다면
살맛이 날 것이다

삶 속에서 때마다
희망하던 것들이 결실로 이루어진다면
기쁨과 보람이 넘칠 것이다

추억의 집

추억의 집에는
지난 세월의 이야기들이 살고 있다

내 곁을 떠나간
세월의 수많은 일들이 수많은 사람들이
기억 집에서 그 시절 그 모습
그대로 살고 있다

지난 세월 속에는
즐거웠던 날도
아쉬웠던 날도
안타까웠던 날도 있었다

추억의 집에서
지난날 그리움 속의 보고 싶었던
사람들을 만나고 있다

여행

한동안 지루함이 가득하면
어느 날 모든 것을 놔두고 훌쩍 떠나는 것이다

여행은 새로운 것을 만나는 것이다
아름다운 풍경, 재미있는 풍경
가슴 아픈 풍경을 만나는
그 순간의 감동을 느끼려고 떠난다

여행은 낯선 것들을
만나는 흥분과 감동 속에
삶에 행복을 가득하게 붙여준다

여행은 빠르게 흘러가는 세월 속에서
타인이 살고 있는 풍경 속에서
나를 새롭게 만나는 것이다

여행 속의 풍경들은
내 마음 속에 잔상으로 담겨 있다가
문득 그리워지면
눈앞에 그림처럼 펼쳐진다

헤어진다는 것은

사랑이 끝나는 곳에 헤어짐이 있다
헤어진다는 것은 차마 하지 못할 일
사랑했던 사람의 가슴에
못을 박는 아주 슬픈 일이다
헤어진다는 것은 다시는 만날 수 없는 무모한 짓이다

사랑하기에 헤어진다는 말처럼
그럴듯한 거짓말은 없다
사랑이 식었기에 사랑하기 싫기에 떠나는 것이다

살다보면 가끔 그리움이 찾아와
그리워지고 보고 싶어도 다시는 만날 수 없다
헤어져도 살 수는 있겠지만
그리움만 가득하겠지만
만날 수 없는 고통만 가득할 것이다

헤어진다는 것은 애처로운 것
눈물 나게 슬픈 일
영영 다시는 못 만나는 것이다

밥

나는 밥을 보면 좋다
많이 행복하다
나는 밥을 보면 고맙다
너무나 감사하다
밥은 내 몸과 마음을
아주 건강하게 만든다

나는 밥이 맛있다
밥을 먹는 시간이 기분이 좋다
많이 신난다
삶이 힘들고 어려울 때도
밥을 먹으면 기운이 난다

나는 밥심이 있기에
항상 기분 좋게 산다
나는 밥심이 있기에
날마다 시를 쓰며 산다

눈물 많은 세상

고통이 옹이가 되어 박혀 심장과 맥박이 뛰는
이 세상은 참으로 눈물 많은 세상이다

이런 이야기 저런 이야기 만들어가며
이런 슬픔 저런 슬픔 이런 저런 고통으로
울다 떠나는 사람들이 많고 많다

온갖 상처로 남은 마음의 흉터는 이유를 알고
싶을수록 잔인하고 슬픔은 아무리 꽁꽁
숨어있어도 터뜨리고 싶은 눈물이다

슬픔과 고통을 감싸주거나 보살펴주지 않으면
눈물이 지나쳐 절망이 찾아오고
살다보면 상처받아 가슴에 구멍 숭숭 뚫려
끝 모를 절망이 찾아오면
어찌할 수 없는 선택을 하는 사람도 있다

무관심과 소외와 방관으로
이 땅의 삶이 비극으로 끝나지 않고
희망을 이루어가며 행복한 삶을 만들어야 한다

눈물이 웃음으로 바뀔 수 있도록
우리는 서로 함께 해야 하고
이 세상 사람들이 행복한 웃음으로
살아갈 수 있도록 함께 해야 한다

_____김국현

김국현

◦1970년 3월 9일(음력) 강원도 영월 출생
◦서울 관악고등학교, 성결대학교, 성결신학대학원 졸
◦현) 홍천 풍성한교회 목사(예성, 강원지방회)
◦푸른문학 등단(2018)
◦현) 강원문인협회 이사
◦현) 한국문인협회 홍천지부 사무국장

돌

자네의 한마디가 가슴에 박히네
'삶, 참 짧다'

돌이었으면
태어나 여전히 있는 돌
돌탑을 쌓아 기도 하는 이유도 그것일까?
돌처럼 오래 여전히 있고 싶은 마음일까?

神께서 우리에게 주신 시간을 다쓰고
사라지는 돌,
시간으로 된 돌,
물로 된 것처럼 흐르고

그렇네,
영혼은 불멸의 돌이네
神의 품으로 가는 돌
자네는 돌이네
영원한 돌

김국현

아픔을 함께 하며

네게로 가는 길에 땡비가 쐈다.
망치로 찌릿하며 때리는 고통
친구의 아픔에 함께 한다.

항상 열심히 살던,
다재다능하여 남달랐던,
삶에 진지했던,
나의 재능을 항상 칭찬하며 격려하던,
나의 친구여

친구의 고통을 조금이라도 맛보라고,
함께 울라고,
며칠 걷지 못할 정도의 아픔을 주셨나 보다

그래도 우리는 신앙인이지
하늘 아버지의 품이 더 따뜻한 신앙인이지
아픔에 작게나마 동참하면서
함께 주님을 바라보네

그래, 우리는 신앙인이지

친구여 (암을 치유하고 있는 친구에게)

공원 의자엔
긴 장맛비가 내리고 있네
그 의자는
비가 오든 눈이 오든
쉼을 찾는 이를 기다리지
이제 자네가
그 빈 의자에 앉을 차롄가 보네
앞을 향해 열심히 달려가던 자네에게
잠시 쉬라고
그 빈 의자가 자네 앞에 있나 보네
잠시 숨을 고르고
다시 함께 꿈을 향하여 달려가세

심으며

삶에 장미 나무를 심는다

나처럼 삶에 서툴지 않을 나무를

때가 되면 뜨겁고 붉게 타오를

네가 서툴지라도

온전히 스스로를 피워낼 불꽃을 심는다

영감(靈感)

할아버지!

하늘을 맴돌다
내게로 들어왔으면

로또 맞은 듯
1%의 영감이
99% 노력을 무시하고

神의 숨결
인간이 생령 된 것처럼
휘갈겨 쓴 詩가
살아 움직인다면

오월의 풍경

우리 동네는
이팝나무 꽃 필 무렵
뻐꾸기 목청자랑 하지

바쁜 농부들은
희망을 심고 자연이 되지

땅은 녹색으로 물들어
풍만한 가슴을 자랑하지

강렬한 햇살은
아기 밥 되고
단비는 축복 되어

희망이 달려오는 소리를

시작한다 했는데
1월의 마지막 날입니다
올해는 눈꽃이 만발 합니다
혹한의 추위에 피어나는 꽃처럼
어떠한 고난에도 아름답게 피어날 수 있으면 좋겠습니다
모진 한파와 눈 폭풍이
나의 청춘에 불어 닥쳐
하얀 나무숲을 만들어
눈부신 상처가 됩니다
상처는 아름답습니다
눈꽃이 피어있는 설산처럼 말입니다
이제 달력 한 장을 떨어뜨리고
소망을 향해 더 힘껏 달리고 싶습니다
지나간 것은 그대로 아름다우니까요

소망이 우리를 부르지 않습니까?
자 들어보세요
저 멀리서 봄이 달려오는 소리를
아직 고난의 시간이 남아 있더라도
저 소리를 따라 갑시다
희망이 달려오는 소리를

하모니

살아있기 때문입니다
서로를 끌어당기며 밀치며
함께 합니다
새싹 비빔밥을 좋아합니다
여러 가지 새싹에 통조림 참치를 조금 넣고
볶음 고추장과 참기름 조금에 섞어줍니다
서로는 서로를 엉키어 살아있는 맛을 냅니다
해와 달과 지구가 일 년 열두 달 춤을 춥니다
하모니가 생명을 만들어 냅니다
일출과 일몰
봄, 여름, 가을, 겨울 꽃을 피웁니다
오장육부가 조화 속에서 숨을 쉽니다
태극기의 정신도 조화입니다
대한민국은 조화여야 합니다
우리는 살아 있습니다

빨래방에서

포옹해 꿈나라로 인도하는 안내자를 빨러 왔다.
아니,
정신없이 돌아가는 통속에
내가 들어가고 싶다
지저분한 생각들과 곰팡내 나는 기분을
사정없이 제거하고 싶다
자동으로 들어가는 세제와 섬유유연제가
깔끔하게 묵은 때를 씻어주듯이
나의 영혼을 맑고 깨끗하게 해준다면

여기, 예수 빨래방
보혈의 피로 깨끗하게
이젠 그와 포옹하며 상쾌한 꿈나라로 가자

너에게 선풍기가

바람이 된다면
열대야의 폭염에 너에게 바람이 된다면
장마의 굽굽한 습도를 날리는 바람이 된다면
이 때에 꼭 필요한 내가 된다면
가난을 탓하지 않는,
에어컨이 될 수 없어도
빌빌대며 돌아간다 하더라도
너를 위로하는 성경의 한 구절처럼,
아내에게
딸에게
아들에게
누구에게도
그런 내가 된다면

꿈꾸는 물고기

장마가 시작되었다고 합니다
팔딱이는 물고기가 장마에 헤엄칩니다
찌는 폭염 속에 슬픈 노래도
물고기를 붙들순 없어
신경전달물질의 장마는 물고기를 마비시키려고 칼을 드러
내지만
팔딱 거립니다
팔딱 거립니다
물고기는 꿈을 꿉니다

장마를 헤엄 칠거야
고향에서 그랬던 것처럼
넓은 하늘에서 춤을 출거야
장대비에도 헤엄 칠거야
잘 먹고 잘 자고
친구들과 대화하며 웃을 거야
감사를 찾으며
적당히 운동하고
기도하고
詩 쓰고
고향에서 뛰놀 거야

팔딱거리는 물고기는 꿈을 꿉니다

쥴 장루이 소령을 추모(追慕)하며

오월의 태양이여
그 사랑의 비밀을 알려다오
먼 이국(異國)땅에서
자신의 목숨을 아끼지 않고
살리기 위해 젊음을 바친
그 소명의 비밀(秘密)을 알려다오
죽고 죽이는 전쟁터에서
살리기 위해 죽은 희생(犧牲)의 비밀을,
그 원천(源泉)을 알려다오

포화 속에 핀 사랑의 꽃이여
그 피는 사랑의 절정(絶頂)이어라
그 선혈(鮮血)은
금수강산(錦繡江山)의 무궁화 꽃으로 피었도다.
아름다운 불란서 인(人)이여

영원히 기억할 희생의 불꽃이여
그대의 희생은
조국을 지키는 화염검(火焰劍)이라
그대의 희생으로
삼천리강산이 평안하나니
그 사랑으로
축복받은 약속의 조국이여

지나온 시간

번개가 쳤다.

기억 속에 번개

웃음도 번쩍

눈물도 번쩍

마른하늘에 번쩍

허공의 발자국

허공에는 무수한 발자국이 있다
내가 걸어온 길
당신들이 걸어온 길
자신의 눈에 보이지 않아도
神의 눈에 보이는 발자국
한 발, 한 걸음 조심히 내디뎌야 하는 길
떨림으로 옮겨야 하는 발자국
내가 책임져야 하는 발자국

거울을 보니

해 뜨는 것,
상쾌한 아침 공기 마시는 것,
일용할 양식 먹으며
하루, 하루 살아가는 것이
主의 은혜임을 모르고
돌부리를 걷어차며
이 핑계 저 핑계 대는 내가 보입니다
거울을 보니

다초점 렌즈

오십이 넘으니 근시와 난시인 눈에 노안까지 왔다
덕분에 돋보기까지 껴야 한다
해결책은 다초점 렌즈, 하나 장만 했다
안개 없어도 창이 흐려진 지금
갖고 싶은 눈이 있다
"컵에 물이 반이나 있네"
좋은 걸 볼 줄 아는 눈이다
노을의 아름다움에 취하듯
겨울에서도 추억을 즐기듯
그루터기에서 새 생명을 노래하고 싶다
죽음에서 부활을 노래하고 싶다
그분이 그러하시듯

설거지(회개)

그릇들
삶의 흔적을 지워야 한다
만일 그러지 않으면 다음에 또 쓸 수 없다
뒤처리, 다시 사용하기 위하여
나의 삶의 흔적들, 너저분한 찌꺼기들
회개하라 천국이 가까웠느니라 말씀하셨으니
내 삶의 찌꺼기를 말끔히 씻어내야 한다
그릇에 다시 밥을 담기 위하여
반찬을 다시 담기 위하여
말끔히 그의 피로 씻어내야 한다

바람아

기억해다오 바람아
너를 만나 마음을 털어 놓을 때
마음이 치유됨을 느낀다
그 때, 나는 모든 속을 드러내 보였다
낙엽은 날 쓰다듭는다.

바람아
네게 새겨 놓은 나의 꿈은
비를 내리고, 낙엽을 내리고, 눈을 내리고
햇살을 내린다, 심지어 웃음을

자, 보아라, 바람아
너 안에 새겨진 나의 인생을
소망을

*기독교에서는 바람을 성령에 비유하기도 합니다.

아름다운 길

이른 아침 사람들이 다니는 길을 누가 냈다. 미끄러지지 말라고 누군가가 긴 긴 보도를 넉가래로 밀면서 긴 긴 길을 냈다. 나도 아침에 내 집 앞만 애써 쓸었다. 누구일까. 자기 집 앞도 아닌 긴 길의 눈을 치웠을까. 그 길이 아름답다. 눈 사이로 사람이 걸을 만큼 폭으로 난 길이. 아름다운 마음의 길이 아름답다. 온통 뒤덮인 눈보다 아름답다.

크리스마스

이때에는 온 땅을 덮을
함박눈이 내렸으면 좋겠습니다
지저분한 내 마음을 덮을 은총이 내려
그 위에 발자국을 새기고 싶습니다
연인과 눈을 밟으며
지나간 한 해를 돌아보고
다가 올 새해를 계획했으면 좋겠습니다

이때에는 훈훈한 난로 같은 사랑으로
도움이 필요한 곳을 살폈으면 좋겠습니다
냉방에 추위를 보내는 곳에
작은 정성을 보이면 좋겠습니다

아기 예수님의 오심을 기억하며
작은 선물을 준비하여
미소를 전했으면 좋겠습니다

펑펑 내린 함박눈처럼
온 누리가 하얗게, 하얗게 변했으면 좋겠습니다
내 마음이 그렇게 변했으면 좋겠습니다

_____김민섭

김민섭

○ 국제PEN한국본부 회원
○ 한국문인협회 회원
○ (사)기독교문학가협회 이사, 부회장
○ 한국상록수문인회
○ 한국크리스찬문인협회
○ 예성문학회 부회장
○ 아시아문예등단
○ 세계청소년동아리연맹 총재
○ 한국세계유학생선교협의회 대표회장
○ 4/14윈도우한국연합 공동회장
○ (사)대한노인회중앙회 자문위원

봄에 핀 목련

봄빛이 따사로와
수줍은 얼굴 내밀고는
바람결에 흔들리는
입술이 고웁다

터지는 봄 기운에
두터웠던 겨울옷도
안개 걷히듯
슬그머니 밀어 놓는다

겨울내 얼어 붙었던
동토 위에 피는
아지랭이는
봄의 향연이다

목련 향기
가득한 봄날
쏟아지는 햇살에
가슴은 뛴다

네잎 크로바

하얗고 둥그런
모자 걸치고
초록잎 치마 입고
가늘고 곱게 뻗은 목줄기

살랑이는 실바람에
봄처녀 가슴앓이 하듯
대지로 녹아드는
네잎 크로바 사랑

보이지 않던
작은 생명이였건만
피어난 네잎 크로바에
신의 숨결이 머문다

봄에 피는 옷자락

새 둥지에 햇살이
수줍은 듯 반쯤 얼굴을 내민다
찬서리에 묵었던 새싹들도
겨드랑이 간지럽듯 봄을 깨운다

산자락마다 푸른 소망 돋아나고
바람도 새도, 풀, 나뭇잎도 노래하고
태양빛을 품은 푸른 잎새는
청아한 옷자락이다

퇴색한 마른 나무가지 위에도
화려한 봄 길로 나들이 갈 참
겨우내 묵었던 가슴에
봄 옷자락은 흠뻑 젖는다

그 리 움

물위에 흰구름
떠 노닐고
하늘은 온통
그리움 이다

모래는
바다를 불러오고
그리움은
파도에 젖는데

갈매기 휘날리는
노래소리
님 그리워
서글피 운다

따사로운 햇살이
얼굴에 파고든다
잊었던 그리움이
쏟아진다

붉게 저물어가는
노을 빛에
바다 윤슬은
그리움에 젖는다

가을 낙엽

가을 낙엽 흩 날리며
꿈이 모인다

눈부신 햇살이
거리를 태우고
허공은 온통
꿈이다

가로수 길은
작은 연못
온갖 시름 쏟아내며
꿈을 그린다

가을바람 부는 날

허리춤에 여민 바람
옷자락에 가을이 젖었다

파란 허공에 나뭇잎이
얼그렁 설그렁 그려져 있고

산자락에 걸친 감 꽃은
저물어가는 햇살에
곱게 걸어두고

나뭇가지에 걸친
시름 한 소쿠리
바람결에 날려버린다.

개울가에 핀 야생화

낮은 곳으로만 흐르는
산기슭 개울물은 넉살도 좋다
막혀 있으면 옆으로 가고
돋아 있으면 위로 타고 간다

휘돌아 가는 물결은
쉼이 없는 한결 같은 사랑이다
모난 돌들은 온순한 양이 되고
성난 바위도 어느새 비단결이다

노래하는 여울물은
마르지 않는다
노래하는 개울가에 핀
야생화는 시들지 않는다

겨울 초승달

눈 내린 겨울 밤
바람은 조요한데

그리운 님의 생각
달빛 속에 스며든다

흰 설은 대지에 젖어들고
애닳은 심사는 달빛에 젖는데

하늘에는 님의 눈썹
그리움 하나 걸려 있다.

겨울바람의 기도

강물에 떨어진 별빛처럼
꽃잎은 바람에 흔들리고

찬 바람이 넘어오는 땅에
꽃잎은 가랑잎처럼 흩어진다

겨울 산골을 배회하던 바람은
꽃을 피우고 싶은 봄을 갈망하고

겨울바람에 실눈을 뜨고
생의 봄을 맞이할 기도를 한다

둘레길

둘레길 돌아서
옛 시장 거닐면
그리움이 반갑다

정겨운 노래가락 소리
동심이 피어오른다
옛정이 그리워진다

우연히 마주친 이웃 친구
뜨끈한 쌍화차 한잔에
찌든 몸 헹구고 그리움에 젖는다

가고 싶고 걷고 싶은 길
그리움이 묻어 나는 길목
소소한 바람에 하늘을 마시고

반갑고 그리운 길 걷는다

______김보현

김보현

- 예성문학회 회장
- 3.1절 100주년 기념 민족대표 역임
- 예성서울북지방회 회장 역임
- 사랑의교회 개척 및 담임
- 번동자연재활요양원 원장
- 성결대학교 및 신학대학원, 사회복지대학원 졸업(석사)
  단국대학교 대학원 졸업(석사)
  San Francisco University & Seminary 졸업(D.C.E.)
  대한신학대학원대학교 졸업(Ph.D.)
- 명지대. 총신대. 성결대. 송호대. 경복대 등 외래교수 역임
- 개인시집: 『사랑할 수 있을 때』 외 7권
- 공동시집: 『그의 음성을 들으며』 외 3권
- 공동저서: 『다문화선교』, 2019.

그냥 보내지 않겠다

정교하게 흐르는 시간,
세월로 이어 가 모든 것을 데려간다
생각 없는 시간이 있으랴
있기만 해도 의미를 찾기에
뇌세포는 끊임없는 승부를 위해
비법과 정도를 찾는다

의미 없이 떠나간 벗들,
그 서러움을 달래야 하는 듯
가르쳐 주고 지시해 준다

기억한들 무엇하랴?
세월 속에 묻어버리면 모든 게
기억해 줄 만한 위인이 아니라면
오늘의 행복으로
내일을 잇는 것으로 만족이다.

꺼지지 않는 사랑

삶의 기한은 알 수 없으나
그날을 맞이하는 우리,
호흡하는 시간만이
우리가 누릴 행복이다
그러한 이유로 순전한 사랑으로
삶의 닻을 높이 올려
함께 승선하여 노래하게 하자

사랑의 불이 꺼지게 되면
의욕도 소멸하여
만사가 귀찮아지고 발병도 된다

태양을 볼 수 있다면,
남은 에너지는 있는 것이기에
피워야 할 사랑을 위해
영혼의 안테나를 다시 세우자.

꿈을 펼쳐

생명이 멎는 순간까지가
하늘이 허락한 것을 누릴 최적의 기회다
숨이 붙어있는 순간까지
조금의 빈틈을 주지 말고,
땅과 하늘에게 소망을 걸자

나이와 경륜에 따라
맞이하는 은총의 순간들은
사람만이 누릴 축복의 시간이다

남아 있는 꿈이 있다는 게
이 얼마나 큰 은총인가?

그러한 이유로 눈만 뜨면
기도의 시작을 알리는 신호로
축제를 펼 마당은 열리고,
오늘을 맞이함이 감격이라.

느낌표 인생

태어날 때부터 울음을 터트려서일까?
그렇다고,
사는 게 고해와 같다며
고뇌 속에 사는 것은 비극이다

고난의 산과 고해와 같은 강을 넘어
인류는 여기에까지 이르렀고,
그 가운데 내가 있다

매우 다양한 문화형태를 따라
쓰고 단것들을 스쳐 보냈지만,
감동과 행복의 시간들이 더 많아
충분히 살만한 가치가 있고,
떠 오르는 태양으로
미래를 준비하며 오늘에 성실한다

큰 마음 품으면 뭐든 할 수 있으니
이 얼마나 큰 감사인가!

내일도 태양은 떠 오른다.

당신을 앎으로

사랑하는 방법을 알게 하여
가장 소중한 게 무엇인가를 알았습니다
이것을 실천하려고
지금에 이르렀는데,
오히려 내 심령의 그릇은 채워졌고
당신을 조금은 닮은 것 같습니다

많은 것을 시청각적으로 알게 하시어
보이는 것들을
애달프게만 합니다

당신의 변함없으신 사랑으로
영혼의 눈을 뜨게 하시는 것은
여전히 저를 너무 신뢰해서인가요

육신이 지쳐 있지 않기를 위해
당신의 옷을 입혀 주소서.

당신의 말씀은 은총으로

당신을 만난 것은
태고적부터 생명을 위한 것들이
너무도 확연하기 때문입니다
진리를 벗어난 자에게도
사랑의 회초리를 든 것은
다음 세대를 향한 깊은 사랑으로
최선의 선택이었습니다

사람의 몸으로 오신 후에도
사랑으로 다가오시어
생명을 향한 발걸음 발걸음은
하늘의 사랑을 전하기 위해
몸을 불사르셨습니다

거절할 수 없는 넘치는 사랑으로
새 생명을 얻은 자들,
그들의 감사와 마음이
강물처럼 여기에까지 흘렀나이다
영원의 아침으로 이어
감격의 찬미를 부르게 하소서.

마음의 주인

이리 갈까 저리 갈까?
눈을 씻고 봐도 보이지 않는 길
때로는 안개보다 더 짙어
넘어져 피 투성이 되어서일까?
허우적이며 울고 싶을 때,
보일 듯 잡히지 않던 영혼의 햇빛,
내 손을 잡아 일으키시려고
그 한 사람을 만나게 하셨으니
감격의 삶 일구기 위해서라

온 인류에게 복음의 빛으로 오심은
찬란한 아침을 맞이하여,
은총의 밭을 걷게 하심이다

사방의 덫들로 인해 신음이지만
그분의 손에 놓이면,
진리로 인한 자유의 행복은
영혼의 샘터에서 만나는 오아시스로
마음의 주인께 찬미의 꽃다발이다.

마지막 환호를

하루에도 여러 번
바람의 방향처럼 변하는 마음들
전해진 목표를 기가도 바빠
건너뛰는 것도 많은데,
흔들리는 가슴을 붙잡아보고자
하늘을 바라본다

검게 그을린 내 영혼의 창살들
하늘의 음성을 들으며
새벽이슬로 씻는다

가야 할 길이 남아 있기에
어둠의 산물이 방해하지 않기를
온 방패를 산성을 쌓는다

거기서 깃발을 휘날려 춤추리라

벗 삼을 자

평생을 같이 가자고 하는 것 보다
마음을 활짝 열어,
갇혀 있는 것들을 꺼내어
밤새워 이야기꽃 피울 수 있다면
금보다 귀한 벗이다

굳이, 멀고 먼 인생길을
같이 가자고 약속하지 않아도
손을 굳게 잡아
따스한 가슴을 만들고 싶다

황량한 세상에서,
너랑 나랑 쌓아온 혜안으로
영혼의 문을 함께 열어 갈 수 있다면
우리는 행복한 동행자 되어
영원의 아침에서도 만나겠다.

봄 하늘의 별들

하늘에 갇힌 겨울의 구름으로
별들을 볼 수 없었던 날들,
서풍이 불기 시작하여
드디어 맑아진 봄의 하늘은
지친 벗들을 위한 잔치를 열 듯
신호를 보낸다

땅 깊은 곳에서도
꿈틀거림을 감지하게도 하고
작고 푸른 새싹을 본다
모진 겨울을 잘 지낸 새들도
창공을 비상하며
숨바꼭질을 반복한다

아직 온기가 전달되지 않아서일까?
밤하늘의 어느 별들은
밝기가 서로 다른 것은,
온기를 서로 전해주는가 보다

큰 이불 한 채 보내고 싶다.

빛나는 별빛

구름 개인 오늘 밤은
왜 이렇게 별이 빛이 나는가?
찬란함의 자태로
온 누리를 힘차게 비췬다

폭우가 지엽적으로 내린 후
신음하는 창조물들에게
기운을 내려주기 위해서일까?

생명이 숨 쉬는 피조물에게
그 사명이 남아 있다면,
제 길을 가라는 신호이겠다

별이 빛나는 동안은,
소망은 꼭 이루어진다.

사람의 가치

사람의 가치를 돈으로 평가한다
그 한계를 극복하기 위해
부단히 땀을 흘려 향상시킨다
절대적 가치의 한계는 없기에
노력한 만큼 상승을 한다

성경에,
정신병에 걸린 젊은이가
악령에 따라 괴롭히는 악마가
돼지 떼 2천 마리와 바꾼 사건이 있다
한 사람을 바꾼 것은,
사람이 더 중요해서다

시간을 허비하는 것은 큰 죄다
내가 사람이 된 것은,
목표 하나를 이루라는 것이다
무한대적 삶을 열어준 하늘에게
가는 길을 묻고 물어
그 가치를 증명해야 하겠다.

새벽의 기운

복잡한 것들을 밤에 태우고
새벽을 맞이한 오늘,
자동차 소리로 시작해서일까?
항상 맞이한 날이지만
점점 커지는 소리로
침묵을 깬다

열린 틈새로 맞이한 새벽공기로
묶은 공기를 정화하듯,
영혼의 창문이 열리면서
더 성숙하는 시간이다

에너지가 부족해 힘에 부치고
헐떡이는 친구들을 위해
새 기운을 보내주는 자연으로
생명을 연장하는 은총의 아침,
버리고 취할 것을 알게 한다.

어머니의 눈물

딸을 보자마자
엊그제 봤는데도 불구하고
눈물샘이 터진 어머니,
아무런 이유가 없는데도
딸의 모습에
무슨 서러움이 쌓였을까?

늙으면 아이가 된다는데
이를 두고 하는 말일까?
요양원의 면회실은
웃음과 울음이 범벅인다

눈을 감을 때까지
아른거리는 자식들 걱정에
모범과 사랑의 옷으로
일평생 실천주신 그 은덕을
무엇으로 대신하랴!

나도 그 나이가 되면 그럴까?

여기까지 왔는데

갈 길이 남아 있는 데
여기에 머물러 있을 수 없기에
새들이 새벽잠을 깨워도
스프링처럼은 아닐지라도
벌떡 일어난다

언젠가는 지금과는 같지 않겠지만
무릎에 이상이 없는 이상,
내일의 문을 힘차게 열어본다

모진 파고를 건너
여기에까지 왔는데
그 무엇을 두려워하랴

보람과 행복을 누리고
영혼의 만족을 위한 것이라면
서슴지 않고,
소리 크게 높여 문을 열겠다.

오늘의 감사

보고 듣고 말을 하며
팔다리를 사용할 수 있는 게
얼마나 큰 은총인가?
이 나이가 들도록 의수족 없이
운전하며 산책을 하고,
시청각에 이상이 없는 것은
큰 축복이다

병원에 자주 가지만
나보다 나이가 아래인데도
보조기구를 이용하는 것을 보면
감사가 저절로 나온다

오래 사는 것보다는
건강하여 행복을 누릴 때가 좋다
창조주의 목표에 따라
주어진 일에 진리로 채우자.

인생

인생,
살아가는 형태는 달라도
각양의 모습을 갖춰가면서
수많은 사연과
고뇌들을 이겨내면서
작품 하나를 만들어 간다

때로는 숨이 막힐 때도 있어
온 에너지로,
목숨을 건 전투를 한다

눈을 떠 아침에 찬란하게 뜬
태양이 보내주는 힘으로
또다시 일궈가는 일상들,
삶의 가치가 알려 주는 것에
오늘도 축제의 날이다.

지금의 은총으로

지금껏 살아온 것으로도 큰 은총이다
때로는 큰 수렁을 만났지만
극복할 수 있었고,
어둠의 앞잡이가 되지 않고
통찰력으로 사리를 분별하여
지금 이 자리에 있음이 감사다

더 많은 일을 기대하지 않고
현재의 환경만으로도 행복이다

스쳐간 인연들이라도
마음의 편지를 쓸 수도 있고,
따뜻한 마음을 전할 수도 있기에
이 얼마나 큰 행복인가!

속삭이며 다가오는 인연이라면
덤으로 받는 선물로
축복의 세월을 잊지 않을까!

하늘 신호등

어디가 길일까?
이것을 알지 못해 몸부림한다
아무리 가 봐도
끝이 보이지 않는 길
한번 가 버리면,
돌아오지 못함을 알기에
나그네 된 인생들의 끝없는 물음에
길이요 진리라 하신 이,
더 이상 어둠 속을 헤매며
짐승을 태우는 냄새가 역겨워
그 한 사람을 보내신 사랑

남녀노소를 불문하고
가난하여 소외된 자들의 벗으로
몸소 사랑을 모범을 보이시어
영원의 문을 여셨다

가고 오는 세대들을 향하여
영원한,
하늘의 신호등으로

김보현

행복을 알리는 신호

장구한 역사를 이어온 사람들
그 가운데 내가 있지만,
지금까지 그래왔던 것처럼
위인이 아니고는
언젠가는 모두가 잊어진다

역사를 함께 잇는 것만으로도
큰 기적이요 은총이다

현존하는 사람들의 숫자에 비하면
지극히 작지만,
자연을 통하여 신호하는 것들로
삶의 방향을 잡을 수 있음이
이 얼마나 큰 은총인가?

그러한 이유로,
따뜻한 피가 흐를 때까지
숙명처럼 실천해야 할 게 있음이
순간순간이 행복이어라

서순석

서순석

◦청수(淸水) 서순석 -교수, 학장, 목사(은현교회)
◦창조문예등단(황금찬, 김성영 추천), 신인상
◦성결 문인회 회장 역임, 한국문인협회 회원
◦시집- 그리울 때는 하늘을 본다, 하늘이 열리고 등
◦수필집- 희망 업그레이드, 산다는 것은 물드는 것,
산다는 것은 기다리는 것, 둘이 함께 가려면 등
◦성결대 신대원, 한남대 신대원, Oral Robert's University,
Fuller University

가을날의 서정

강가 모래 언덕 은빛 갈대는
석양 노을 따라 아련한 그리움으로 서걱거렸다

강물은 떫게 물들고
언제부터인가 백로 한 쌍이
갈대밭 끝머리에 앉아 생각이 깊다

100여 일 뜨거운 여름을 지켜온
길섶의 백일홍은 마지막 불꽃을 피우는지
붉은 꽃잎을 하나씩 떨군다

선홍빛 맨드라미는 뜨거운 눈물을 울컥울컥 토해내고
갈색으로 변하는 이파리들이 바람에 흩날린다

먼 산은 울긋불긋
단풍이 내려 덮고 있는데

지붕 낮은 카페에서는
차이콥스키의 엘레지가 흐르고
커피 향 따라 아련한 그리움이 내려앉는다

가을이 내려앉고 있다
빛 부신 가을이 뚝뚝 떨어져 내린다

카이로의 아랍 여인

카이로에 왔더니
모래 알갱이 가득한
바람이 분다

스핑크스는 웃고 있는데
흙먼지 뒤집어쓴
피라미드가 흉물스럽다

길 따라 펼쳐진
좌판이 가난하다
구슬 목걸이, 팔찌 서너 줄

"1달러, 1달러"
외치며
살찐 관광객 뒤를 쫓는 아랍 여인의
깊고, 검은 눈동자에
고단한 세월이 담겨있다

가난은
어디서나 가슴 아픈 것, 슬픈 것

아랍 여인의 히잡 위에 얹힌
모래 알갱이 서넛이 안쓰럽다

애리조나(Arizona) 광야 길

텍사스를 지나
애리조나(Arizona) 광야 길을 달린다
숨을 헐떡거리며

자동차 계기판에
바깥 온도가 95° (화씨)를 가리키고 있다

아스팔트는 감당이 안 돼
시멘트로 포장한 도로지만
벌겋게 타올라 지쳐있다

뜨겁다
그리고 멀고 넓다

저 멀리
더위 먹은 기차가
느릿느릿 게으름 피우며
끝도 보이지 않는 꼬리를 달고 간다

나무 한 그루 없는 벌판에서
진종일 햇덩이를 끌어안고
열병하듯 서 있는
벌거숭이 바위산들이 안쓰럽다

큰 장승처럼 두팔 벌리고 서있는
선인장들은 무슨 생각을 하고 있을까

지나친 가스 충전소에는
더위 먹은 개 한 마리가
늘어져 헉헉거리고

영화에서 보던 O.K 목장이
저쪽이라고 걸린 싸인판은 녹슬고
멀리 석유 시추 기계가
괴물처럼 검은 연기 뿜어 올리며
헐떡거린다

후버댐으로 향하는 길은 아직 멀어
싸인판도 나오지 않는데
맥도날드 간판이 보인다
반갑다

오아시스가 별거인가?

광야 한복판에서 만나는
맥도날드가 오아시스지

유년 시절

솜리(전북 익산) 동산동은
내 유년 시절이 머문 곳

만경강 줄기가 내려온
샛강이 흐르고
아이들은 떰벙떰벙 물장구치고
멱 감고 즐거워했다

하루 서너 차례
검은 연기 품어내며 기차가 지나가고
흙먼지 날리며 자동차가 지나칠 때면
아이들은 그때마다
꽁무니 쫓아가며 좋아라 하고
엄마들은 행여
넘어져 무릎이라도 깨질까 봐
맘 졸여했다

농촌 진흥원
잔디밭의 난초 잎으로
팽이를 치면 잘 돌아가
그 난초 잎 따려고 갔다가
수위 아저씨에게 꾸중 듣고 벌서고
돌아가는 길은 뭐가 그리 좋은지
깔깔거리고…

이제 와 생각하니
그때가 어제 같은데
내 나이가 60이 넘었네

나이를 헤아려 무엇하리

오늘 내 눈은
그 샛강, 그 기찻길, 흙먼지 날리던 트럭,
지붕 낮은 기와집이 있는
그 동네에 가 있는데…

아, 그리운 그때

추수감사절의 기도

햇볕은 따뜻하고 부드러웠습니다
땡볕 쏟아지는 몇 날 있었지만

천둥, 번개, 벼락 몇 개 있어
잠 못 드는 밤 있어도
이른 비, 늦은 비는 흡족했고
달빛은 한없이 고요했습니다

태풍이 돌아 지나간 자리에는
무지개 뜨고
먼바다 고기들은 무리 지어 돌아오고
새 떼는 하늘 높이 날아오르고 있습니다

이제
님의 은총 받은 땅은
탐스러운 열매를 울컥울컥 쏟아내고
있습니다

가을비에 젖은 단풍이
빛 부신 나뭇잎으로 떨어지는 저녁 이 시간
지금은
은총의 열매를 들고
감사하는 시간입니다

초록이 낙엽 되도록
임마누엘 하셨던 님께
감사할 때입니다

감사합니다
님이시여

그리고 바라옵기는
남은 햇살 조금 더 비추소서

미처 여물지 못한 낱알
마저 여물어
오는 겨울이
더 풍성하도록

______이정소

이정소

◦예수사람들교회 담임목사
◦문학세계 신인상으로 등단
◦한국문인협회 회원
◦저서 똥지게를 진 예수, 달인을 꿈꾸다
꿈꾸는 마당귀. 알뜰신잡 인문학 외

불안한 영혼을 위한 기도

주님
제 영혼이 몹시 불안해 합니다.
가슴 맡바닥에서부터 알 수 없는
불안한 기운이 작은 연기를 피우며
온몸을 감싸는 것 같습니다.

주님
저를 평안으로 인도해 주소서
햇볕이 따스하게 들어오는
작은 교회당 마루에 앉아
온 하루를 그렇게 평안에 젖고 싶습니다.

그리하여
작은 개울을 흐르는 물소리도
주님의 음성으로 듣게 하시고
은사시나무 이파리를 흔드는 작은 바람 소리도
주님의 음성으로 듣게 하시고
이름 모를 새소리도
주님의 음성으로 듣게 하소서

주님
하루를 빈둥빈둥 놀아도
걱정과 근심이 없이
내 영혼이 저물어가는
은빛 하늘의 노을을 쳐다보며
그렇게 행복에 젖게 하소서

네 영혼이 평안할지어다라고 말하는
주님 음성에 행복해 하게 하소서

죽음을 생각하는 이를 위한 기도

새벽기도를 마치고
새소리 들으며 산책을 하다
메타세콰이어 가로수 길을 따라
죽은 자들이 묻혀있는
공동묘지를 한 바퀴 돌았습니다

이럴 때면 정작 죽음이라는 것을
심각하게 생각해야 되는데
오히려 야생화가 피어있는 모습과
가을 풀벌레 소리와
시원한 가을바람만
눈과 귀를 새롭게 합니다

세파에 길들여져 가리워졌던 눈과
문명의 이기에 지친 귀가
공동묘지에서 열리니 그 이유가 뭘까요?

주님
여기에 자고 있는 자들을 깨우러 오실 때
살아있으나 죽어있는 듯한 내 몸과 영혼도
함께 깨어주시길 원합니다

개망초 우거진 길모퉁에서
산벚나무 이파리 사이의 그 바람 사이에서
죽음의 참 의미를 깨닫게 하소서

상한 마음을 위한 기도

주님
이 모임은 진정 아름다움이 있어야 하고
은혜로운 대화가 오가야 하고
서로 이해와 관용이 있어야 하고
다음번에도 또 오고 싶은 마음이 들어야 할
그런 모임입니다.
그런데 이 모임이 왜 갈 때마다 마음이 상하고
내가 왜 여기에 또 왔을까라는
자괴감으로 후회해야 할까요?

주님
지혜를 주십시오
안 갈 수 없는 자리에 갈 때마다
저에게 인내할 수 있는 마음을 주시든가
모든 대화를 포용할 수 있는
마음의 여유를 주시든가
이런 모임으로 끌려가는
악한 영의 배후를 차단할 수 있는
영적 능력을 주시든가 말입니다
상대방을 비방하고
조그만 실수조차 마음으로 용납하지 못하는
이런 모임, 이런 사람들에게서
멀어지게 해 주십시오

그리하여 상한 영혼을 붙잡고
회복의 길로 들어서게 해 주십시오
주님의 발자취를 따라가는
평화의 산책길이 되게 하시고
태풍과 같은 소용돌이 속에서도
작은 미풍 속에서도
영혼의 잔잔함을 잊지 않는
그런 사람이 되게 해 주십시오

침묵을 위한 기도

내가 누군가에게 말을 하고 싶지 않을 때
그때는 내 영혼이 주님과 얘기하고 싶을 때입니다

내게서 말이 많이 없어졌다는 것은
내 영혼이 주님과 깊은 대화를 하고 있다는 증거입니다

그러므로 밖으로 펼쳐지는 모습만 보고
그 사람을 판단하는 것은 크나큰 실수입니다

주님
나는 지금 당신과
깊은 영혼의 대화를 시도하고 있습니다
당신의 임재를 느끼고 있습니다
지금 이 시간은
누구에게도 방해받고 싶지 않은 거룩한 시간입니다

주님
겉으로 드러나는 말과
겉으로 표현되는 행동이
지금보다 더욱 적어지게 하소서

쓸데없는 말을 통해
에너지가 허비되지 않게 하시고
당신과의 관계가 소원해지지 않게 해 주소서

중독자를 위한 기도

주님
많은 사람들이
자신을 위해 운동을 합니다
이른 아침부터 밤늦게까지
거의 광신적으로 건강을 챙깁니다

그러나 저는
당신의 일을 잘 감당하기 위해
건강을 유지하고 싶습니다

주님
과격한 운동으로 인해
마음이 격동하지 않게 하시고
만나는 사람들로 인해
하나님을 향해 있던 마음이
들뜨지 않게 하소서

이름만이 사는 옥탑방

이정소

우리 교회 옥탑방에는
노숙인 노씨의 이름이 산다.
10년 전 누군가 살았던
지금은 창고로 변해버린 그곳에
그의 이름이 턱하니 들어와 산다.

주님이 부활하신 주일
침침해진 눈과 통증의 다리를 끌고
그의 몸이 교회 뒷자리 지정석을 찾아
성경을 뒤척이고 찬송가를 따라부른다.

예배가 끝나고 막대기를 더듬이 삼아
노숙의 나무의자를 찾아간 후에도
그의 이름은 옥탑방에 홀로 산다.

고독한 자를 위한 기도

가을 산 나무들도
서로를 부둥켜안고 살고
시골 논두렁길 메싹들도
서로를 감싸고 사는데
저는 때로 혼자 있고
싶을 때가 있습니다

일상의 생활에서 벗어나
침묵하며 홀로 산책을 하고 싶습니다
광야 한가운데 우뚝 선 수도원에서
내 영혼과 대화하며 긴 하루를 보낸 후
하늘 저편으로 저무는 저녁 노을을
하염없이 바라보고 싶습니다

그럴 때면
내 영혼을 향해 두 팔 벌린
주님 품안에 안기고 싶습니다

그러나 주님 일상의 삶에서 벗어나
내 영혼과 깊은 대화를 한다는 것이
그리 쉽지 않다는 사실을 저는 압니다

그럼에도 주님
저는 혼자 있는 내 영혼의
자유를 꿈꿉니다
주님의 임재가 제 영혼에 함께 하기를
간절히 소원합니다

정직을 위한 기도

오랫동안 헤어졌던 가족들이
서로 만나는 모습을 보면
나도 모르게 눈물이 나는데
주님 앞에 정직한 마음으로
서고 싶을 때는
왜 마을 입구 느티나무처럼
경직된 모습으로 서 있는 것인지
나도 모를 때가 있습니다

주님
제 감정을 있는 그대로
당신 앞에 토로하고 싶습니다
마음 밑바닥에 딱딱하게 굳어있는
경건의 껍질을 벗고
어린아이와 같은 모습으로
당신 앞에 서고 싶습니다

그리고 하염없이 울고 싶습니다
무엇을 간구하거나
무엇을 바라거나
그런 것들을 놓고 기도하지 않고
그저 울다 울다
당신 무릎을 베고 잠들고 싶습니다

한나처럼
다윗처럼
교회 앞 가로수처럼
그렇게 울다
푸르른 잎사귀로 살고 싶습니다

주님
나에게 울 수 있는 감정을 주십시오
나에게 당신만을 바라보며 얘기할 수 있는
정직한 영을 주십시오

선(善)을 위한 기도

주님
저는 지금 선과 악이라는
이분법에 사로잡혀 있습니다
내 마음을 상하게 하는 사람은
악한 사람이요 마귀요 사탄이라는
생각에 사로잡혀 있습니다

나는 선하고 상대방은 악하다는 생각에
사로잡혀 있는 내 모습을
올바로 세우시고 보게 하여 주소서

동전의 양면 모양
사람에게는 누구에게나
선한 모습과 악한 모습이
서로 공존하고 있음을 인정하게 하소서

그리하여
내 선한 모습을 키우고
악한 모습을 버릴 수 있도록
성령의 이끌림을 받을 수 있도록 도와주소서

나도 악한 모습으로
다른 이들에게 마음을 상하게 하고
사탄의 모습으로 살아왔음을
돌아보게 하소서

분별력을 구하는 기도

주님
저는 지금 올바른 때를
분별할 수 있는 능력이 없습니다

이 길을 가는 것이
내 만족을 위한 결단인지
아니면 진정 당신이 원하는 길인지
도무지 알지 못할 때가 있습니다

바람이 나뭇가지를 흔듭니다
물결이 뱃전을 칩니다
주변은 원하지 않는 방향으로
나를 내몹니다
나는 길도 없는 광야의 한복판에
홀로 서 있습니다

분명 이 상황을 벗어나려면
어떤 분별력 있는 결단이 필요합니다
그러나 나는 어쭙잖은 모습으로
모래바람 이는 광야를
홀로 가고 있습니다

주님이 인도해 주시지 않으면
나는 영영 돌아오지 못할
후회의 길로 갈지도 모릅니다
아니면 내 의지를 벗 삼아
이기주의의 늪 속에서
홀로 즐거움에 빠져 있을 줄도 모릅니다

주님 올바른 분별력을 저에게 주십시오
그리하여 당신의 영광만을 나타나게 해주십시오

사로잡힌 영혼을 위한 기도

가끔 길을 걷다
어떤 장면에 사로잡힐 때가 있습니다
가끔 책을 읽다
어떤 이의 모습에 사로잡힐 때가 있습니다
가끔 창밖을 내다보다
어떤 글의 내용에 사로잡힐 때가 있습니다

주님
내 마음속을 오가는 생각들을
객관적으로 볼 수 있는
영적인 안목을 가지게 해 주소서

마음에 스쳐가는 생각들이
가슴에 착상되어 집을 짓지 않도록
내 마음을 허락하지 않게 해 주소서

내 마음이 개방되어
경건의 거룩함을 잊지 않게 하시고
하나님과의 생생한 대화가
단절되지 않도록 해 주소서

악하고 불의한 생각들이
마음에 착상되지 않도록
늘 깨어 있어 주님만을 바라보게 하소서

사마리아

이혼한 아버지와 함께 사는 아이
파키스탄 아버지 필리핀 어머니와 함께 사는 아이
한국인 아버지 베트남 엄마가 이혼한 후
한국인 아버지 집과 엄마 동거남 집을 오가며 사는 아이
한국인 아버지 베트남 엄마 그리고
고양이 초롱이와 함께 사는 아이

우리 공동체 아이들의 작은 가족사

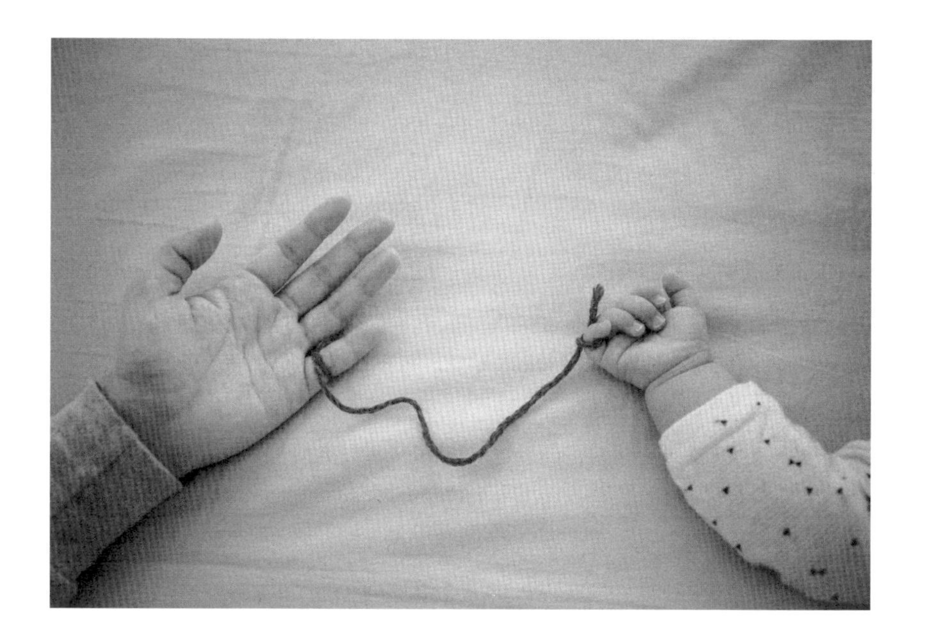

장영은

장영은

∘1979년 성결신학교 졸업
∘1991년 한국 임상목회대학원 졸업
∘1995년 성결교신학대학원 졸업
∘교회사역과 원목(병원) 사역을 거쳐
개척(예일) 교회를 섬기다가 현재 한성운에 협력하고 있음.
∘2003년 시집 '동행'을 발행함.
∘2023 소설 '디아스포라' 출판.

복(福)

소금, 그리고 그 맛
빛, 그리고 그 따뜻함
말하자면
따로따로가 아니라 하나이며
구분이 아니라 한 몸일 때,
믿음은
그 말씀대로 나를 만들어 가는 것

하나님 나라
그의 통치가 임하는 곳이
지나간 시간이 아니라면
안개 속의 미래가 아니라면,
마음 가득한 염려를 쓸어내고
영혼에 깃든 더러움 씻어내고
오늘이라는 삶으로 그와 동행하는 것

내가 새로워지고
날마다 힘을 얻어
생명이 새롭게 되는 즐거움으로
보람을 채워가는 성취,
진정으로
넘치는 기쁨이 확장되어 가는 것

물방울이 바위를 뚫을 수 있는 것은

아무리 화살이 강하다 해도 바위를 뚫을 수는 없습니다
천하의 장수라도 부러지거나 튕겨져 나가게 할 뿐입니다
오직
떨어지는 물방울이 바위를 뚫습니다
힘이나 빠르기는 화살을 따를 수 없지만
그는 감히
화살이 할 수 없는 일을 합니다.
단지 꾸준함 때문이고
또 지극히 부드러운 까닭입니다
한 방울의 물은 보잘 것 없지만
꾸준함의 힘은 생각보다 아주 강하답니다
여름 태풍을 견딘 나무들이
밤새 내리는 겨울눈에 부러지는 것을 보세요
우리를
살아가게 하는 힘이 무엇입니까
포기하지 않으시는 사랑,
기다림이 있는 그 사랑이
떨어지는 물방울처럼
나를 뚫어,
세상을 품게 하십니다

하나님이 쓰시는 사람

기적은
믿음에 이르게 하는 방편일 뿐
누구의 손에 붙들린 삶인지
정작
금 그릇, 은그릇, 나무그릇, 질그릇은
깨끗해져야만 소용이 된다는데

후손 없이 늙어가는 아브라함을 부르시고
팔십 세인 목자 모세를 찾으시고
이새의 막내아들 다윗을 택하시고
율법의 사람 바울을 주목해 보신 하나님,
나무가 재목이 되기까지
물과 햇빛과 공기를 바람으로 감싸 다져 가실 때

전문성이 뛰어날지라도
능력이 탁월할지라도
가득 찬 자신감 때문에 무너지는 사람들,
마음 귀 기울여 들을 때
"네 발에 신을 벗으라"
당신의 힘으로 만들어지는 내 삶이 될 때

반성

새벽을 밀어 문을 여니
눈송이가
쏟아지는 하얀 꽃잎 같았다
무작정 밖으로 나와
쌓인 눈 위를 걸을 때
머리 어깨 옷깃마다 눈이 구나
균형을 잃은 자연은
비닐하우스를 찢고
축사를 무너뜨리고
지붕을 관통했다더니
지나친 것은 말할 수 없는 부담일 뿐이야

좋은 생각은 선한 마음이라
따뜻한 시선이 있어야
좋은 이웃이 되는 것인데
내가 구하는 것이 무슨 유익일까 하네,
욕심에 찬 마음은 악한 마음이라
결국 자신의 황폐함뿐일 텐데
산다는 것이 무엇을 위함일까

하나님은 지금도 기다리실 텐데

울타리 없는 집

문명이 뭘까
사람의 지혜가 밝아져 야만이나 미개에서 탈피한
물질적으로 인간 생활이 발전된 상태
원시(原始)가 아닌 것

문화가 뭘까
인지(人智)가 깨고 세상이 열리어 밝게 된 상태
의식주 그리고 기술 학문 예술 도덕 종교 및
물질문명에 대한 인간 정신 활동의 소신을 말하는
자연이 아닌 것

문명의 옷을 입어도 여전히 야만스럽고
문화를 누리지만 여전히 미개한
하나님을 잃어버린 우리는, 세계가 아우성이다

울타리가 사라져버린 세상은
사람이 사람답기를
자연이 자연스럽기를
나는 나답기를
언제부터 잊어버렸을까, 잃어버렸을까

사진

몇 년 만에
사진관 의자에 앉아
즉석 사진이 가능한 현실을 어색해할 때
엉거주춤 굳어졌습니다
"살짝 웃으세요!"
웃을까 하는데 반짝
지금까지의 내가 지나갔습니다

"젊고 환하게 나왔네!"
아들 녀석 놀리는 소리에 멈칫했습니다
내가 기억하는 내가 보이지 않아
나는
보고 또 보았는데
어느새
세월에 물든 낯선 얼굴만 남았습니다

그때에

사람마다 자기 소견에 옳은 대로 행했던
그때에
기도를 잊어 길을 잃었고
상황에 쫓겨 헤매다가
두려움에 압도당했습니다

있어야 할 지식이 없어 무지했던
그때에
교만인 줄 몰라 당당했고
불순종인 줄 몰라 소리 높이며
죄인 줄 몰라 만만히 살았습니다

이제
다시 오실 주 앞에서
내가 낱낱이 드러나는 그때에
자기 유익을 구하지 않는 사람 되어
용서를 심어가는
긍휼이 강같이 흐르는 사람이면 좋겠습니다

이른 봄

새벽이 열려 집을 나서는데
은근한 바람이 세차게 포옹을 한다
동트듯 다가온 봄이
산모퉁이를 돌아
돌담 후미진 곳을 훑고,
풀잎 끝에 머물더니
조용히 숨을 몰아쉬었다

솜털에 감싸인 목련
아기 손처럼 반짝이는 벚나무 가지
그리고 연두 빛 개나리들,
숨길이 닿는 순간
환한 미소로 피어오른다면 좋겠다

장종용

不老 장종용

◦포근한교회 담임목사
◦동방문학으로 등단
◦월간『성결』편집장
◦여성권리회복운동가
◦필리핀 사중복음교회 설립자

나만 바라봐

나만 바라봐
왼쪽으로도 오른쪽으로도 돌리지 말고
너의 눈동자조차 움직이는 것 나는 싫어
바라보는 시선은 항상 나이길 바래
나만 바라보는 것이 그리 힘드니?
나와만 함께 하는 것이 그리 어렵니?
무엇이 너의 마음을 흔들리게 하나
휘황찬란한 세상이 너의 눈을 사로잡나
허상이고 허울뿐이란 것 너도 알잖아
지금까지 그래왔던 그래서 얻은 것 하나 없는
나만 바라보면 내가 널 행복하게 해 줄게
나만 바라봐 어렵지 않잖아
나만 바라봐 영원히 함께 동행하자.

나 으뜸 되기 원하네

나 으뜸 되기 원하네
저들보다 내가 낫지 않나
난 저리 허접하지 않아
비겁하지도 않아
알랑거리며
누가 주길 바라지도 않아
비굴하게
갖고자 하는 마음은 없어
내가 달리는 만큼
주변에 내 맘 나누고
만약에 필요하다면
그들을 위해 생명을 줄 수 있는
님의 뜻을 따라
섬기는 자로 세워지길 원해

영천 163번지

영천시장 나지막한 오르막길 끝자락
이리 갈리고 저리 갈라진 골목길 따라
금화산 중턱에 자리 잡은 금화아파트
소싯적 내가 살던 집이 있다.

삼삼오오 구슬치기 딱지치기
잃고 나면 허탈함 가득안고
계집아들 고무줄놀이 심술부리고
치고 박고 다툼 속에 해는 진다.

8평 남짓한 작은 아파트
방 둘에 다락방 하나
그것도 방 하나 세를 놓아
한 집 두 가구 열 명이 북적인다.

겨울이면 새마을 보일러 가동
따듯한 물 먼저 쓰겠다고 아우성
더운 물 찬물 나오는 집에 이사 가자고
아버지, 엄마 부르며 떼를 써 본다.

골목길 기다림

어두움이 드리울 때면
골목길 어귀에 쪼그려 앉은
꼬맹이가 있다.

미로 같은 골목에
지나는 사람도 없어
선뜻 들어서기가 무섭다.

한참을 기다리다
다가오는 어른을 보고
묵묵히 모르는 척 뒤 따른다.

길이 갈라지면
아이는 다시 쪼그려 앉고
또 다른 행인을 말없이 기다린다.

인생 속에서

숨어 지내면
숨겨지나
눈을 감는다고
삶이 없어지나
겨울이 와도
봄도 옴을
무너진 것은
다시 세우고
캄캄한 동굴에
해매이지 말고
가느다란 빛이라도
희망을 보시게.

장애자

홀로 아닌 혼자 살고
같이 아닌 함께 어울린다.
사심없는 이기적 삶에
녹아져 내려 질퍽한 세상이다.
외눈박이 세계에서
두눈 뜬게 이상하고
절름대는 이 땅에서
뚜벅걸음이 장애아닌가?

복 있는 사람

흙에서 태어나
흙에서 살다
흙으로 돌아간다.

흙수저 인생
금수저 부러워하며
온갖 불평 속에 살았다.

그 어느 날
마치 꿈을 꾸듯이
내가 보통 사람이 아니란다.

이미 태어날 때부터
내 존재 자체로
아쉬레[רשׁא]임을....

*아쉬레(히브리어로 '복 있는 사람'인데
존재 자체로서 이미 복된 사람을 의미하는데
하나님의 자녀로 태어났으니 복있는 존재가 되었다.)

나그네의 꿈

길을 걷는다.
한발 한발 내디딛는
때론 무겁고 탁하지만
종종 가볍기도 하다.

길을 걷는다.
딱히 갈 곳도 없고
그렇다고 머물 곳도 없는
타박거림이다.

길을 걷는다.
그칠 줄 모르는 비로
멈출 수 없는 재촉의
종종걸음이다.

길을 걷는다.
내님 기다린다는
느즈막한 깨달음으로
힘찬 달음박질이다.

나그네여! [벧전 1,2장]

이 땅에 태어나
세속에 살다가
본향 찾아가는 인생

갈 곳 없는 사람처럼
빙글 빙글 방황하다
남의 고향 찾지 말게

그대의 집에 소망을 품고
깨끗한 삶
신령한 젖을 사모하게

아버지의 사랑을 향해
선한 나그네의 행실
이래저래 좋다 하시게

고달픈 삶일지라도
나의 님 앞에 선자로서
그에게 아름다움 드리우세

할머니와 막걸리

남원고을 할머니
바리바리 싸 이고지고
산비탈 골목길 헤집어
서울 사는 아들집 찾았다.

칼칼한 목 축이고자
시체(셋째)를 부르고
쥐어진 한 되 양은 주전자
막걸리 심부름이다.

궁금하던 술맛에
슬그머니 책상 밑에 숨어
꿀꺽이며 들이키다
켁켁거리며 쓰러진다

나그네살이

백팩 메고
갈색 선그라스에
흰 모자 눌러쓰고
카메라 봉 하나 들고
정처없이 떠나보자
세상살이 무엇인가?
바람따라 구름따라
발길 닿는대로
때론 잊어보며
쉬엄쉬엄 살아보자

사라져간 안동포

옆에 항상 있는데
멀리 존재하는 것 같은 당신
아주 먼 곳에 갔는데
가까이 바짝 붙어 있는 그대

뱃길따라 어기여차
바람따라 덩기여차 노 젓고
콧 노래 흥얼거리네
만선깃발 펄럭이던 나의 님

아스련한 기억조차
옛 것 되어버린 이름뿐인 안동포
세상 온갖 쓰레기로 덮여
악취로 더이상 님을 볼수없네

깊게 패인 주름만 남아
지팡이 짚은 세 발 인생되고
혹여나 되돌아 올까
님 떠난 사라져간 안동포여

작은 소망

살랑거리는 바람 따라
가지에서 힘없이 떨어지고
나폴 거리며 춤출 새
어느덧 밟혀 버린다.
노르스름 붉으스레 화려한 깔
단풍놀이 던져주나
곤두박질 바닥칠 때
짓이겨진 흉물이다.
제 눈에 좋아 사진 속에
아련한 추억의 책갈피 안에
나의 님 가슴 깊이
그렇게 남고 싶다.

최경자

최경자

◦베쇼라교회 담임
◦베쇼라선교회 대표
◦동방문학으로 등단
◦저서「예수님과 함께하는 하늘나라 이야기」
시화집「흔적」작시
시집「그리움의 바람」
찬양곡「사랑의 주」외 7곡 작곡

성령의 불꽃

하늘의 문이 열렸구나
하늘의 문이 열렸구나

찬양의 소리는 보좌를 울리고
기도의 소리는 향기를 흩날리는구나
말씀은 흥왕하여 아름다운 열매를 맺는구나

아름답구나 찬양의 꽃이여
향기롭구나 기도의 꽃이여

보좌에 피어오르는 찬양의 향기
보좌에 불타오르는 기도의 함성

하나님의 따스한 손길은
찬양의 향기 속에 기도의 부르짖음 속에
거룩한 생명의 말씀 안에서 꽃피우고 꽃피우네

내 생애 가장 따스한 음성

주님 앞에 엎드립니다
눈물로 기도합니다

아픈 마음 녹이시고 응답하시네
아린 마음 언저리 감싸 안으시네

내 새끼 힘들지
주님의 그 음성이 귓가에 맴돕니다

주님의 따스한 음성으로
마음에 묻어둔 눈물이 흐릅니다

회개와 아픔의 강을 건넙니다
절규의 강을 지나갑니다

이제 주님의 음성 안에서 일어섭니다

나를 향하신 주님의 사랑 안고
미소 한번 짓고 나아갑니다

절망을 빛으로 인도해
아픈 상처를 치료해
새 힘을 주시어 일으키시네

권능의 규

주님의 발등상에 있는
땅들아 주님의 피조물들아
고개 숙이어라

우주를 창조하시고 우리를 만드신
주님께 경배하여라

권능의 규 아래에 엎드리어라
주님의 발 아래에서
아웅다웅 싸우는 탐욕의 사람들아

눈을 들어
하늘과 바다와 대지를 바라보아라

만물을 지으신 이가
인간의 탐심과 이기심을
바라보고 계시는구나

하늘아 고개들어라
바다야 외치어라
땅들아 바라보아라

주님의 권능으로
발아래의 작은 땅을 위해
평화를 잡고 계시는 사랑을

낙조의 신비

빌딩 숲이 물들어간다
경이로운 아름다움이 도시를 감싼다

시원한 바람은 남산에서 일고
따스한 물결은 한강에서 인다

하늘에 드리운 아름다운 낙조라

붉게 물들어가는 빛을 따라
내 마음도 아스라히 물들어간다

신기한 경관 속에서
섭리로 이끄시는
주님의 마음을 바라본다

이슬

저 멀리 소들이
한적하게 풀을 뜯는구나

단아한 물줄기가
청아하게 흐르니
감동이 흘러넘치는구나

잔잔히 흐르는 물소리가
폭포수를 이루며 흐르는구나

이 물은
헬몬산에서 내려오는 이슬이라

이 물은 생명이라
만물이 소생해
활기를 불어넣어

달콤한 향기

아름드리 올리브 나무가
나에게 손짓한다

반짝이는 잎 사이로
작은 열매 익었네

한입 베어 무니 떱떠름하구나

그러나
그 향기 오래가니
달콤함이 묻어있구나

주님의 말씀이 이와 같으리
우리 입에는 쓰나
마음에는 달고 달리라

나는 운다

거대한 천혜 요새라
난공불락의 성채라

로마에 대항해 3년간
마사다에 진을 쳤지

로마군이 에워 쌓구나
앞으로도 뒤로도
갈 수 없는 상황이라

아이 마저도 돌을 들었겠지
너무나 처참하지 않은가

나라 잃은 슬픔과 비참함은
베갯잇을 적시고 눈물의 빵을 먹지

그들의 외로움과 고통이
나의 마음을 울게 한다

희비

박해를 피해 이곳에 왔던가
터를 잡고 응회암을
깎는 손길을 바라본다

마을을 이루고
깊이깊이 내려간다

소문은 사람들을 이끌고
발길은 황량한
갑바도기아 골짜기에 머문다

그 누군가의 안식처였을 문들이
거대한 기암괴석에
역사가 되어 안착되어 있다

즐거움은 이곳의 설명을 듣고
마음 언저리에
아픔과 함께 희비가 뒤섞인다

그들의 기도

아름다운 백색이 눈 앞에 드리웠어
커다란 나무에 눈송이 피었어

님들의 형체는 없고
소리 없는 메아리가
내 마음을 울리는구나

그래 역사는 흐르지
척박한 파샤바 언덕에 살던
그들의 기도가 계곡계곡 서리어있지

포근한 눈 위에 누워 눈을 감는다

바람의 자취는 없지만
님들의 기도가 하늘에 상달 되었어

주께서 기억하시니 된거야

나는 믿음을 지키기 위해
황량함이 깃든 이곳에 머문 그들을 그린다

눈과 바람

괴레메의
드높은 하늘 아래
높고 낮은 구릉들이
언덕을 이루었구나

하나님의 역사가
이 구릉안에 깃들어 있구나

반짝이는 눈꽃을 피우니
눈과 바람이 만든 날갯짓이라

주의 오묘함이
한 그루 나무에서
환상적인 형상이 되었어

체감

사랑으로 임하신 주
빛으로 오신 주

오늘도 시간의 궤도는 흐르고
삶은 꽃과 같이 피고 진다

누가 말했는가
주께서 지신 십자가의 고통을

나는 알지 못해 그 질고의 깊이를
오직 주님만이 체감했으리

알았다 생각했는데
내가 들은 고통은 그저 폭풍 한점이라

주께서 지신 그 고난은
광풍(狂風)속의 광풍이었지

이제 조금이나마 깨달아
주께서 인류를 위해 지시고 감당하신
그 십자가의 깊이와 무게를

목련꽃 아래에서

하아얀 목련꽃이
흐드러지게 피었구나

파아란 하늘 아래 고이 피어
화사하게 웃고 있구나

조선의 역사를 안고
돌담에 세기인 추억을 간직한채
청아한 춤을 추는구나

고귀한 기품은
조선의 기백을 담고 있구나

잠시 돌담에 앉아
꽃잎이 소근 거리는 소리를 듣는다

역사의 발길 안에서
풍요로운 봄을 만끽해

꽃 한송이에 깃드인
창조주 하나님의 사랑을 취해

핑크빛 노을

붉은빛 인가
핑크빛 인가

황홀빛 노을이 하늘 가득하다
사랑빛 잔잔함이 바다를 뒤덮는다

바다에 드리운 석양이라
하늘이 뽐내는 아름다움이라

지는 태양이 아쉬워
물감을 하늘에 풀어
달콤한 그림을 그렸구나

신비로운 빛이 하늘 가득해
분홍빛이 바다의 물결을 감싸
어둠을 열고 도시 속에 스몰히 깃들어

창조주의 손길이 담긴
오묘한 어여쁨이 이국의 해변에 담겼어

나는 포근함에 젖어
환상적인 풍경에 압도당한다

퐁당퐁당

상큼한 바다 내음이 내 마음 가득해
따스한 바람이 나를 포근히 감싸

오색 풍선을 타고
푸른 하늘을 날고 날은다

기쁨은 하늘에 수를 놓고
웃음소리는 파도에 잠긴다

주님의 세계가 드리운 하늘 동산은
경이로운 빛으로 나를 반긴다

하나님 지으신 하늘이라
구름을 붙잡아
따스한 햇살 따라 하늘 춤을 춰

퐁당퐁당
하늘을 베게 삼고
푸르른 바다에 발을 담가
짜디짠 바닷물이
방긋 웃으며 나를 안아

푸르름 위에 푸른 빛이 비추어
하얀 물살이 구름을 감아
무릉도원이 따로 없구나

바다를 품은 하늘 속에서
천상의 꿈결에 잠긴다

반딧불

깊은 정글 안으로 들어간다

짙어가는 어둠 속에
반짝반짝 불빛이 반짝인다

반딧불이가 춤을 추며
환한 빛을 비추인다

불빛을 흔드니
반딧불이가 화답하듯
반짝이며 날갯짓을 하는구나

천천히 천천히
훨훨 날아 나에게 다가온다

작은 빛은 내 손 안에서
화려한 불꽃 춤을 춘다

작은 날갯짓으로
어둠속 환한 빛으로 속삭이는구나
잘 왔다고 만나서 반갑다고

작은 불빛을 놓으니
하늘 위로 나폴나폴 올라간다

깜깜한 밤 밀림에서 너를 만나 기뻤어
작은 몸짓으로 큰 기쁨을 얻었구나

넷의 추억

산들 바람에
야자수잎이 하늘거린다

푸르른 바다에 윤슬이 이니
아름답기 그지없구나

사랑하는 님과 함께
그네에 앉아 한적한 시간을 즐긴다

아이들의 하하 호호 즐거운 소리
바람결에 실려 나뭇잎에 묻힌다

그 옛날 둘이었는데
지금은 넷이서
은빛 물결에 추억을 쌓는다

당신의 숭고한 시간들

친구가
고요히 평안히 주님 품에 안겼다
나의 친구여 천국에서 다시 만나자

기도로 손을 잡았고 파수로 진을 세웠지
시간을 잡을 수 없으니 그리움을 담는다

웃고 울던 시간이 땅에 스미었어
통곡의 질고가 하늘에 흩뿌렸지

그러나 주님께 기도의 사람이라
모든 희로애락을 주님 앞에서 노래했지
마음에 평강이 넘쳤고 소망의 기쁨이 감쌌지

당신이 남긴 사랑을 마음에 품습니다

그대의 추억이 깃드인 부추가
꽃 몽우리 맺힐 때마다
활짝 웃는 당신을 그릴게요

기억할게요
당신이 이 땅에서 살았던
사랑과 사명의 끈에 메인 숭고한 날들을

하늘에 깃든 구름

매미 울음소리가
하늘 높이 울려 퍼진다

여름이 절정에 달한 듯
태양은 작열하고
무더위가 기승을 부리는구나

파란 하늘이 구름을 품고
도심의 골짜기에 깃드니
아름다운 그림이라

구슬땀이 흐르는 무더운 날
살짝 부는 바람에
더위가 비껴간 듯하구나

하늘 풍경이 고와
시 한수에 더위를 묻어 보낸다

바람처럼

땡볕이 비추었지
땀방울이 눈물이 되어 흘렀지

친구는 육신의 허울을 벗고
한줌 흙으로 돌아갔어

어느덧 시간이 흘러
여름의 끝자락이라

부풍(扶風)처럼 살았던가
내리는 폭우에
쉴 가지가 없었던가

그런데
그녀는 바람과 같이
소리도 없이 살포시 떠났구나

무지개 드리운 폭포수

하늘은 높고 푸르러
가을빛 바닷 바람이 불어

하늘에서 폭포비가 내려
사랑스러운 물방울을 흩뿌려
꿈같은 미소가 머물러

정방폭포
동양에서 유일하게
바다에 떨어지는 폭포라

아름다운 무지개 비추어
주님의 신비한 사랑이 폭포 안에 잠겨
주옥같이 포근한 사랑을 감싸

한 폭의 산수화가 이 폭포에 드리웠구나